Ségolène Valente

Vive le CE2 !

Les secrets de la récré

De la même auteure, dans cette série :

Pyjama party

Ségolène Valente

Vive le CE2 !

Les secrets de la récré

RAGEOT

Cet ouvrage a été imprimé sur un papier
issu de forêts gérées durablement,
de sources contrôlées.

Couverture et intérieurs : Isabelle Maroger
Mise en pages : Graphicat

ISBN : 978-2-7002-5457-0
ISSN : 1951-5758

S.O.S.-copines

Dimanche soir, ma copine Marie-Lou m'a téléphoné pour m'annoncer d'une petite voix :

– J'ai la grippe, Camille, je ne viendrai pas à l'école de la semaine.

Je lui ai répondu d'une voix rassurante :

– Je t'apporterai les devoirs. Soigne-toi bien, repose-toi et reviens vite !

Mais en raccrochant, j'ai paniqué. J'ai pensé : « Comment survivre une semaine sans Marie-Lou, dans la cour, à la cantine, à l'étude ? S.O.S., il faut que je trouve d'autres copines ! »

Parce que la récré, la cantine, l'étude, c'est super… à condition d'avoir une ou des copines pour jouer, discuter, rigoler.

Et ce qui est facile pour certaines ne l'est pas pour d'autres. Moi, je suis timide. Des copines, je n'en ai pas trente-six. J'ai Marie-Lou que je connais depuis toujours parce que nos mamans sont amies depuis toujours. Et c'est tout. Au fait, comment on se fait des copines ?

Au dîner, maman m'a suggéré :

– Il suffit de demander aux filles de ta classe si tu peux jouer avec elles, Camille.

– De... demander ? ai-je bredouillé, inquiète.

Maman est la spécialiste des conseils commençant par « Il suffit de », « Tu n'as qu'à », « C'est simple, tu... » Mais c'est impossible pour une timide comme moi de poser une question aussi directe qui pourrait avoir pour réponse non, bof ou même *d'accord* du bout des lèvres.

Papa qui aime plaisanter, même quand la discussion est sérieuse, a déclaré :

– Ou alors tu demandes aux garçons !

– Aux garçons ? me suis-je étranglée.

Bref, seul mon petit frère m'a aidée à surmonter la panique. Il a posé sur mes genoux son doudou chéri, une grenouille rigolote avec une grande bouche, et il a chuchoté :

– Coâ-coâ, tu m'emmènes à la récré avec toi ! Coâ-coâ, moi aussi je m'ennuie toute seule ici.

– Oh Tom, comme tu es gentil ! me suis-je exclamée, sincèrement touchée.

– Coâ-coâ-coâ ! s'est-il écrié.

J'ai essuyé sa bouche pleine de sauce tomate et je lui ai fait un gros bisou. Tom peut être vraiment adorable quand il veut. S'il arrêtait juste de manger comme un cochon, il en aurait plus, des bisous.

Oui mais... comment on se fait des copines ? Avec la grenouille en peluche de son petit frère ? Pas sûr que ce soit une bonne idée de l'emporter à l'école.

Tu joues avec nous ?

Par chance, je n'ai pas eu à me poser la question longtemps. Lundi matin, à la récré de 10 heures, je venais de m'asseoir sur les marches du préau quand Nora et Jade se sont approchées de moi en trottinant comme des ponettes.

Nora et Jade sont dans notre classe, à Marie-Lou et à moi. Elles font de l'équitation ensemble et restent collées à longueur de journée. Elles se parlent toujours sous forme de secret à l'oreille et on n'entend que des pchipchipchis intraduisibles. Quand l'une dit quelque chose, l'autre approuve. Quand on pose une question à l'une, l'autre répond à sa place.

– Tu es toute seule, Camille ? m'a demandé Nora qui m'aime bien depuis le jour où j'ai retrouvé son quatre-couleurs licorne sous le radiateur de la classe.

Trop contente qu'elles viennent me parler, elles qui n'adressent jamais la parole à personne, j'ai répondu :

– Oui, Marie-Lou a la grippe.

En réalité, je n'étais pas vraiment toute seule. Sur la marche d'en dessous, il y avait Charlotte qui me montrait ses bobos. Ça changeait des dégustations de petits gâteaux. Charlotte est très gourmande et ça se voit, elle n'arrive presque plus à fermer son manteau.

Sur la marche du dessus, il y avait Antoine plongé dans un gros livre sur les chevaliers. Antoine est le premier de notre classe, il est imbattable. Il porte toujours une chemise fermée jusqu'au cou et s'amuse tout seul à apprendre en détail l'équipement des chevaliers et la construction des châteaux forts.

– Viens avec nous, on joue au poney club, a proposé Jade qui m'aime bien, elle aussi, depuis que j'ai retrouvé le quatre-couleurs licorne de sa copine.

Charlotte a regretté d'une voix plaintive :

– Moi je ne peux pas jouer avec vous à cause de ma blessure au genou.

Sans s'occuper de ce que disait Charlotte, Jade m'a informée :

– Ce matin au poney club, on fait un concours de sauts d'obstacles. Alors tu t'appelles comment ?

– Ben… Camille !

– Non, ton poney, a précisé Nora.

– Ah euh, je ne sais pas…

– Neige, comme la couleur de tes joues ! a suggéré Charlotte.

– Oui Neige, bonne idée, ai-je acquiescé.

Je n'ai pas eu le temps de prévenir Jade et Nora que je ne savais pas jouer à ce jeu et que je n'y connaissais rien en poney. Elles sont parties en trottant gaiement et je les ai suivies en les imitant.

Très inspiré par son livre sur les chevaliers, Antoine m'a lancé à voix basse mais j'ai quand même bien entendu :

– Adieu, fidèle destrier à la crinière blanchote !

Et Charlotte a crié :

– Au revoir *Neige* ! Attention de ne pas te blesser aux sauts d'obstacles. Sinon tu seras obligée de rester sur les marches à toutes les récrés comme moi et ce n'est pas rigolo !

J'ai adressé un signe à Antoine et Charlotte mais j'étais trop concentrée à essayer de suivre mes deux nouvelles copines et de reproduire leurs gestes de cavalières.

C'est seulement arrivée au banc que j'ai réalisé : « Dommage pour Charlotte, on aurait pu lui proposer de venir jouer avec nous. Tant pis, ce sera pour la prochaine récré ! »

Même quand elle n'a pas de bobo, Charlotte est souvent toute seule dans la cour. Et je suis bien placée pour savoir que les récrés en solo, c'est plus embêtant que n'importe quel bobo.

Et Charlotte alors ?

On s'est drôlement bien amusées avec Jade et Nora à jouer au poney club. Marie-Lou aurait adoré se transformer comme nous en ponettes guillerettes dans un pré, le temps d'une récré. Même Antoine levait les yeux de son livre pour nous observer depuis les marches. Et Charlotte riait et applaudissait à chacun de nos sauts.

Au bout de quelques minutes, nous voyant brouter sur le banc qui nous servait de mangeoire, Charlotte s'est approchée de nous en boitant avec sa jambe blessée. Alors que Nora s'apprêtait à exécuter le saut de la jument d'or au-dessus du torrent, Charlotte nous a demandé :

– Vous avez un truc à grignoter, les filles ? Je ne vais jamais pouvoir attendre jusqu'à la cantine.

Jade lui a tendu une main vide et lui a répondu :

– Mange, c'est du bon foin !

– Du foin bio, sans pesticide, a renchéri Nora.

– Merci, c'est gentil, a répondu Charlotte, même si elle était un peu déçue qu'on ne lui propose pas de la nourriture un peu moins bio mais plus consistante.

Elle a fait semblant de manger dans la main de Jade en imitant le poney. Et elle a ajouté :

– Bon, j'ai encore un petit creux. Ça ne nourrit pas, votre foin bio.

Elle a fait une ruade en poussant un cri de baleine plus qu'un hennissement et nous a lancé :

– Bye bye les championnes ! Amusez-vous bien !

Puis elle s'est dirigée au trot vers Athénaïs et ses copines, pour leur demander un truc plus consistant à grignoter que du faux foin.

On s'est tellement amusées que je n'ai plus pensé à Charlotte.

Je n'ai pas vu passer cette récré ni les suivantes. On inventait des histoires toujours plus passionnantes : le poney blessé, les championnes de la voltige, un poney s'est échappé… Je pensais à Marie-Lou et à la surprise que je lui ferais à son retour en lui annonçant : « Je te présente nos deux nouvelles copines : Nora et Jade ! Et notre super jeu : le poney club ! »

J'ai passé une si belle journée d'école que le lundi soir, en quittant l'étude, même si Marie-Lou était absente, j'avais hâte d'arriver au mardi pour retrouver mes deux super copines. Finalement, ce n'est pas si compliqué de survivre aux récrés sans sa copine préférée !

En arrivant à table, je savais déjà que maman me poserait cette question :

– Alors, cette première journée sans Marie-Lou s'est bien passée ?

J'étais contente de pouvoir lui donner cette réponse :

– Je me suis fait deux nouvelles copines : Jade et Nora, elles sont super sympas !

– Tu vois, il suffit d'oser !

Maman aime donner des conseils et après, constater que ses conseils ont été efficaces.

– Osez osez Joséphine... a chantonné papa en cassant les œufs dans la poêle, tout content de trouver une occasion de ressortir ses vieilles chansons.

– Eh Camouille, tu t'es bien occupée de ma grenouille ? m'a demandé Tom qui avait encore du chocolat du goûter au coin de la bouche. Elle a été sage à l'école ?

Je ne lui ai pas avoué que j'avais laissé sa peluche sous ma couette pour ne pas avoir la honte dans la cour. Il y aurait toujours quelqu'un pour me souffler : « En CE2, tu apportes encore un doudou à l'école ! »

J'ai répondu à Tom sur le mode « grenouille » pour rester évasive :

– Coâ, coâ !

Il s'est écrié, en levant les bras :

– Côa ! Côa !

Et il s'est jeté sur moi pour me faire un bisou. Sauf que cette fois je n'ai pas eu le temps d'essuyer sa bouche. Beurk, Tom, tu ne peux pas faire un effort de propreté ?

Je me suis dépêchée d'avaler l'omelette et je n'ai pas pris de dessert, pressée de téléphoner à Marie-Lou. Je ne lui avais pas encore annoncé la bonne nouvelle.

Au téléphone, j'ai confié à ma copine :

– J'aurai une surprise pour toi quand tu reviendras à l'école…

Marie-Lou adore les surprises. En temps normal, elle m'aurait posé plein de questions : « C'est quoi ta surprise ? Ça se mange, c'est un jeu, c'est petit, c'est gros, c'est une chose, c'est un animal ? »

Mais cette fois, elle n'a pas cherché à savoir. C'était le signe qu'elle était encore bien malade et que j'allais rester seule quelques jours de plus. Enfin, plus vraiment « seule »… J'avais Jade et Nora maintenant. En espérant que pendant la nuit, mes deux nouvelles copines n'auraient pas oublié qu'on s'était si bien amusées aux récrés. C'est vrai, ça, est-ce qu'on peut être super copines un jour et de parfaites inconnues le lendemain ?

Quand on est copines un jour, est-ce qu'on est copines pour toujours ?

Cette nuit-là, j'ai fait un cauchemar : j'ai rêvé que le lendemain à l'école, Jade et Nora m'ignoraient et racontaient leurs pchipchipchis secrets à Charlotte.

Assise sur les marches, je gardais leurs manteaux en écoutant tristement Antoine me réciter en boucle la liste des rois de France.

Au moment où elles rigolaient en m'observant, je me suis réveillée en sursaut, le cœur battant, et j'ai compris que ce n'était qu'un cauchemar. J'ai posé la tête sur la grenouille toute douce de Tom pour me rendormir.

Avant, j'ai pensé que j'avais de la chance d'avoir trouvé deux nouvelles copines aussi vite, même si notre amitié ne devait durer qu'une journée. Pourvu qu'elle dure plus qu'une journée !

J'ai pensé aussi que si notre amitié continuait demain, comme je l'espérais, je n'avais pas le droit de laisser Charlotte toute seule sur les marches.

Elle n'était pas réellement toute seule car il y avait Antoine et ses chevaliers, mais un garçon, ce n'est pas pareil.

Je me suis promis de lui proposer de participer à notre poney club dès que j'aurais retrouvé mes nouvelles copines dans la cour. Je suis sûre que Charlotte ferait une ponette marrante avec plein de nouvelles idées à nous apporter.

Je suis sûre aussi que si elle est occupée à jouer, elle arrêtera peut-être de penser à ses bobos et à ses bonbons à longueur de récrés.

Un si beau manteau !

En arrivant à l'école mardi matin, mes craintes de la nuit se sont dissipées quand j'ai entendu crier au milieu de la cour :

– Camiiille !

– Caaamille !

C'étaient Nora et Jade qui m'adressaient de grands signes. J'étais soulagée. Elles n'avaient pas oublié que j'étais devenue leur copine !

J'ai couru vers elles en passant au galop près de Charlotte qui m'a demandé :

– Tu veux partager mon pain au chocolat, Cam…

– Hein ? Quoi ? Euh… non merci ! ai-je bredouillé, pressée, sans vraiment la regarder.

C'était généreux de sa part parce que, gourmande comme elle est, elle est capable d'engouffrer deux pains au chocolat à la suite.

À cet instant, Antoine s'est approché avec son cartable bien gros, sans doute rempli de livres pour les récrés. Et il a demandé à Charlotte :

– Vous venez munie de victuailles, noble damoiselle ?

J'en ai profité pour filer. J'ai à peine remarqué le nouveau manteau de Charlotte. Je n'étais pas très fière de la laisser à l'entrée de l'école avec le passionné de chevalerie qui avait l'air d'oublier qu'on vivait au siècle des tablettes et des téléphones portables, mais j'étais trop pressée de rejoindre mes nouvelles copines qui criaient :

– Camiiiille, viens vite !

– Viiite !

Nora et Jade m'ont accueillie comme si on était copines depuis une éternité. Elles m'ont serrée dans leurs bras, m'ont demandé des nouvelles de Marie-Lou et si je jouais avec elles aux récrés et si je déjeunais avec elles à la cantine et si on partageait notre goûter.

– Bien sûr que ouiiii ! j'ai crié.

– Alors c'est supeeer ! ont-elles hurlé. On va bien s'amuser !

Elles m'ont raconté plein de pchipchipchis secrets, la main devant la bouche. Elles m'en ont raconté tellement que je n'ai rien retenu, à part que c'était génial d'avoir des nouvelles copines. J'aurais bien passé la journée dans la cour avec elles pour rattraper mon retard en secrets.

On a arrêté les secrets lorsque notre maîtresse, madame Benhamou, est venue nous chercher pour monter en classe.

– Tu te ranges avec moi ? m'a demandé Nora en m'attrapant la main.

– Yes ! ai-je répondu en la serrant fort.

– Et tu te mettras avec moi à la récré de 10 heures ? m'a interrogée Jade.

– Yes ! ai-je répété, contente d'avoir mon programme complet pour la journée.

C'est alors que Charlotte m'a proposé d'une voix douce :

– On se met ensemble, Camille ?

– Ah Charlotte… dommage, je…

J'ai dû refuser parce que j'avais déjà promis à Nora pour maintenant et à Jade pour 10 heures. Charlotte m'a fait de la peine avec ses yeux ronds comme des chouquettes raplapla.

– C'est pas grave, mets-toi avec Jade, lui ai-je soufflé, toute contente de trouver une solution. Elle est seule, elle aussi.

Mais Jade n'a pas entendu ma proposition, elle parlait à l'oreille de Nora sans se préoccuper de Charlotte. C'est bête parce que la maîtresse a ordonné à Diego de se ranger avec Jade pour qu'il ne reste pas à trois avec Yanis et le petit Clément. Pourquoi Jade n'a pas réagi avant ? Charlotte est bien mieux que Diego qui s'agite tout le temps. À côté de lui, on est sûre de recevoir un coup de coude ou de trébucher dans l'escalier et de se faire gronder.

Mais c'était trop tard pour changer. Le rang avançait en direction du premier étage et Nora me tenait la main sans la lâcher comme si on était amies pour la vie. C'est tellement génial d'avoir des nouvelles copines en si peu de temps !

J'ai serré sa main sans la lâcher pour lui signifier que oui, on serait amies pour la vie. Et pareil pour Jade. Et pareil pour Charlotte qui était vraiment gentille. Heureusement, Charlotte n'était pas seule, elle marchait devant avec la maîtresse et l'aidait à porter un énorme sac.

Dans le couloir, alors que Charlotte accrochait son nouveau manteau juste à côté du mien, je me suis exclamée :

– Comme il est beau ton manteau !

1), j'avais envie de lui faire un compliment parce que je sais que ce n'est pas facile d'être sans copine quand tout le monde en a.

Et 2), je le pensais. Son nouveau manteau était vraiment joli. Les manches étaient de couleur mauve argenté, le devant était recouvert de fourrure comme le col et les boutons étaient en forme de petits chiens trop mignons. En plus, il avait l'air doux et très chaud.

– Merci, a-t-elle répondu, il est neuf et il a coûté cher.

– Combien ? a demandé Nora qui écoutait la conversation derrière moi.

– Cent douze euros, a dit Charlotte.

– Cent douze euros pour un manteau ! s'est-elle exclamée. C'est hyper cher…

– Tu t'es fait avoir, a renchéri Jade. J'ai vu presque le même au supermarché dans les trente euros.

– Il ne doit pas être de la même qualité, ai-je réagi, voyant que Charlotte mal à l'aise ne savait pas quoi répondre, comme si elle avait une miette coincée dans la gorge.

En entrant en classe, Charlotte m'a proposé :

– Camille, tu veux qu'on échange nos manteaux à la récré de la cantine ?

– Oh, bonne idée ! me suis-je écriée. Tu veux mon écharpe à plumes toute douce avec ?

– Bonne idée, a-t-elle répété, les yeux en forme de chouquettes bien regonflées.

Jade m'a glissé à l'oreille en ricanant :

– Tu ne devrais pas ! Elle va craquer ton manteau, elle est deux fois plus…

– Mais non, ai-je soupiré en l'empêchant de terminer sa phrase.

Nora a insisté :

– En plus, elle ne sent pas très…

– Elle sent Charlotte, ça ne me dérange pas, ai-je coupé net.

Elles n'ont plus rien dit. Elles ne comprenaient donc pas qu'on pouvait être amies toutes les quatre avec Charlotte ?

Comme le manteau neuf de Charlotte me plaisait et qu'en plus, ma nouvelle troisième copine était vraiment gentille avec moi, avant de me rendre à ma place je lui ai assuré :

– J'y ferai très attention, promis Charlotte. Il est très beau, ton manteau. Tu l'as bien choisi.

En déposant le sac au bureau de la maîtresse, Charlotte a dit, toute fière, à madame Benhamou :

– On échange nos manteaux à la récré avec Camille.

– Alors tu vois, tout s'arrange ! a répondu la maîtresse qui avait dû lui donner le même conseil que m'avait donné maman pour trouver des copines.

En classe, je n'ai pensé qu'à une chose : vite midi, vite le manteau de Charlotte ! Elle était sympa de me le prêter alors qu'elle ne l'avait que depuis la veille et qu'il avait coûté si cher.

En plus, grâce à cet échange, ce serait plus facile d'intégrer Charlotte à nos jeux. Jade et Nora finiraient par comprendre qu'on peut être plusieurs à bien s'entendre. Notre grande amitié ne serait pas en danger pour autant. Et puis c'est triste d'être seulement trois dans un club de poneys ! Bref, c'est pas compliqué les récrés !

Oublié à la récré

Ce qui n'est pas compliqué en tout cas, c'est d'échanger les manteaux entre copines. On devrait le faire plus souvent. Charlotte avait eu une bonne idée. J'ai accroché rapidos les boutons petits chiens, j'ai caressé la fourrure de son col et j'ai rattrapé mes deux nouvelles copines qui étaient déjà dans l'escalier.

– Alors, il est beau, non ? ai-je interrogé toute contente.

– Il est trop grand pour toi ! s'est esclaffée Jade. On dirait un clown…

– Ce n'est pas ton style, a ajouté Nora.

– Oh, vous êtes jalouses, ai-je plaisanté. Vous rêvez de l'essayer, avouez !

J'ai attrapé Nora par un bras, Jade par l'autre, et on s'est installées dans la queue pour entrer dans le réfectoire. Je ne sais pas si c'est parce que je portais le manteau de Charlotte qui est toujours affamée mais j'avais une de ces faims ! Notre CE2 comptait trois absents à cause de l'épidémie de grippe mais moi c'est sûr, je n'étais pas malade. Vite, à table !

À la récré de la cantine, Charlotte s'est allongée sur un banc de la cour. J'ai d'abord cru qu'elle était triste mais elle m'a dit qu'elle avait des frissons dans les jambes et mal à la tête, alors Sandrine l'animatrice lui a conseillé de s'allonger pendant qu'elle téléphonait à ses parents.

Les garçons de notre classe nous ont proposé un attrape-filles dans la cour. On a accepté parce que toute la classe y jouait. J'ai ramassé mon manteau que j'avais prêté à Charlotte et mon écharpe à plumes. Sans s'en apercevoir, Charlotte les avait fait tomber par terre.

– Tu veux récupérer le tien, de manteau ? lui ai-je proposé.

– Hein… quoi… quel cadeau ? a-t-elle marmonné, fiévreuse, les yeux à moitié fermés.

J'ai compris qu'elle n'était pas en état de s'occuper de tout cela et ce serait dommage de lui laisser son manteau neuf qui a coûté si cher.

Celui-là aussi, elle était capable de le laisser traîner par terre.

Comme il faisait chaud, j'ai suivi Nora et Jade et j'ai accroché les deux manteaux sous le préau avant notre garçon-attrape-fille. J'allais proposer à Charlotte de venir jouer dès qu'elle se sentirait plus en forme. Mais quand on est ressorties du préau, le banc de Charlotte était vide. J'ai aperçu ma copine au niveau de la sortie. Elle quittait l'école avec sa grand-mère.

– Son manteau ! me suis-je écriée. Elle l'a oublié !

J'ai couru dans le préau pour récupérer son beau manteau et le lui rapporter. J'ai perdu au moins dix secondes à le retrouver parce que Athénaïs et ses copines avaient posé les leurs en tas par-dessus les nôtres. Puis, suivie de Nora et Jade, j'ai foncé avec le manteau à la grille. Mais c'était trop tard. La voiture de la grand-mère de Charlotte tournait au carrefour.

– Pas de chance ! ai-je murmuré.

– Sa grand-mère reviendra le chercher ce soir, a dit Nora en me prenant par l'épaule.

– Il ne va pas s'envoler ! a ajouté Jade en me serrant l'autre épaule. On va jouer ? Vite, ils ont commencé.

On entendait des hurlements à l'autre bout de la cour :

– Venez nous libérer !

C'étaient les filles de notre classe. Elles étaient déjà presque toutes attrapées. On a crié :

– On arrive !

Et on a couru les sauver.

C'est pas mal aussi d'avoir des copains garçons dans la cour. Toute la classe était réunie sauf les absents. Même Antoine avait rangé son livre pour jouer.

J'ai pensé à Marie-Lou et à Charlotte qui auraient aimé participer. Et j'ai pensé à ce beau manteau bientôt seul dans le préau. Que faire ? Le rapporter chez moi ? Mais si la grand-mère de Charlotte vient le chercher, elle ne le trouvera pas ? Le laisser ici ? Au pire, il finira rangé dans l'armoire des objets trouvés. C'est plus sûr.

À la maison, je n'ai pas attendu le dîner pour raconter nos nouvelles histoires de récrés, j'étais trop pressée. J'ai rejoint maman qui travaillait à son ordinateur. Avant qu'elle ne me demande comment s'était passée la journée, comme tous les soirs, j'ai expliqué le problème de mes récrés.

J'ai dit sans respirer :

– Jade et Nora sont sympas avec moi mais pas avec Charlotte parce que Charlotte voudrait jouer avec nous, c'est normal elle est toujours toute seule, mais mes nouvelles copines elles ne veulent que moi, je ne sais pas pourquoi, elles veulent qu'on reste rien que nous trois. On peut avoir d'autres copines que ses meilleures copines dans la vie !

– Ah, ces histoires de récré, m'a interrompue maman sans décrocher les yeux de son écran et sans chercher à me donner des conseils qui, cette fois, m'auraient aidée.

– Si tu m'crois pas, hé, t'vas voir ta gueule à la récré ! a chanté papa qui arrivait avec son casque de vélo sur la tête.

– Je vais trouver une solution pour Charlotte, ai-je déclaré, sûre de moi, sans savoir quelle solution.

– C'est une bonne initiative, a répondu maman.

Là, ça m'aurait bien arrangée qu'elle me conseille avec ses « Il suffit de », « Tu n'as qu'à », « C'est simple, tu ».

Alors que je réfléchissais à une solution, Tom est apparu avec une tête de têtard furieux. Il a brandi sa grenouille et a grogné :

– Ma grenouille était écrasée contre le mur, elle ne pouvait plus respirer !

– Tu entres dans ma chambre sans mon autorisation maintenant ? ai-je rétorqué.

– Je la récupère, tu ne sais pas t'en occuper.

Il ne fallait pas m'énerver ce soir. J'ai répondu à Tom :

– C'est ça, reprends ton crapaud baveux !

– Ah, ces histoires de frère et sœur… a soupiré maman. Bon, allez jouer ailleurs, j'ai encore du travail.

Qu'il peut être bête mon frère quand il s'y met ! Je m'en fiche de sa grenouille, qu'est-ce qu'il croâ ? Qu'elle va régler mes problèmes ? Qu'elle va m'aider à intégrer Charlotte dans mon groupe ?

Pauvre Charlotte, qui était malade comme Marie-Lou ! Je n'avais même pas son numéro de téléphone pour savoir comment elle allait et lui proposer de lui rapporter les leçons. Et si en plus il arrivait quelque chose à son manteau neuf, ce serait vraiment pas de chance.

La nouvelle mode

Le mercredi et le jeudi, Charlotte était toujours absente et son beau manteau était resté suspendu dans le préau. À chaque fois que je le voyais, je me demandais : qu'est-ce que je fais, je le prends ou je le laisse ? J'en parle à la maîtresse ou j'attends ?

Le jeudi avant la cantine, Antoine m'a surprise en train de le décrocher puis de le reposer. Il m'a interrogée :

– N'est-ce pas le mantel de dame Charlotte aujourd'hui souffrante ?

– Oui sire, ai-je répondu du tac au tac, moi-même étonnée par ma réponse.

Il a rougi jusqu'au premier bouton de sa chemise et il est parti.

À la récré de la cantine, Sandrine a accepté exceptionnellement qu'on dessine dans le préau, nous trois, Jade, Nora et moi. Il pleuvait et Jade avait mal au ventre (hum hum, bien joué la fausse malade). On est entrées dans le préau désert. Et cette fois, je me suis décidée pour de bon. J'ai pris le manteau de Charlotte et j'ai dit à mes copines :

– Je l'accrocherai devant notre classe. On ne sait jamais, si quelqu'un le vole.

– S'il faut s'occuper des affaires de tout le monde, on n'a pas fini, a déclaré Jade qui ne comprenait toujours pas que le manteau de Charlotte n'est pas le manteau de tout le monde mais celui d'une copine.

– Bon, on dessine ? a demandé Nora qui ne s'intéressait à rien d'autre.

Toutes contentes, on a sorti les feuilles et les feutres à souffler sur la grande table et j'ai posé le manteau de Charlotte sur une chaise à côté de nous pour ne pas l'oublier en remontant en classe. Charlotte me remercierait plus tard.

Mais Nora a soufflé comme une jument énervée dans le feutre rouge si bien qu'elle a éclaboussé la table. On a éclaté de rire et on a aussitôt couru chercher du papier toilette qu'on a mouillé pour nettoyer les taches.

Soudain, je me suis affolée :

– Oh non, il y en a aussi sur le manteau de Charlotte !

– Tu as soufflé comme une baleine ! s'est exclamée Jade en rigolant.

– Il n'y a que trois éclats rouges, ça va partir facilement, a rétorqué Nora. Grâce à Super papier WC !

On a frotté les taches du manteau avec le papier toilette. Mais au lieu de disparaître, la couleur s'est étalée.

– Dernière solution, a proposé Jade : on le remet au portemanteau comme si de rien n'était et elle ne saura jamais que c'est nous.

– On ne peut pas lui faire ça, ai-je riposté.

– J'ai une meilleure idée, a répliqué Nora. On recouvre la tache avec du gris, c'est exactement la couleur du manteau. Charlotte ne se rendra compte de rien !

– Nora, tu es la championne en contournement d'obstacles, l'a félicitée Jade en applaudissant.

J'ai applaudi aussi parce que la solution était bien trouvée.

Nora s'est emparée du feutre gris, elle l'a posé sur sa bouche et s'est concentrée comme si son cheval partait pour un concours de saut de haies.

Elle a soufflé d'un coup sec en direction de la tache qui s'est couverte de gris.

– Pas mal ! s'est-elle écriée en constatant le résultat.

– On n'y voit que du feu, a approuvé Jade.

Mais le rouge est réapparu peu à peu. Ça a donné une couleur très moche, entre violet et marron. Les larmes me sont montées aux yeux.

– Il faut plusieurs couches, a recommandé Jade en prenant le feutre des mains de Nora.

Elle a ajouté du gris plusieurs fois. Ça n'a pas changé grand-chose. La tache est devenue plus marron que violette, c'est tout.

– Espérons que la tache partira à la machine, a conclu Jade.

Mais sur l'étiquette, il était indiqué que le manteau n'était pas lavable en machine. J'ai eu à nouveau envie de pleurer. Toujours optimiste, Nora a déclaré :

– Moi je le trouve encore mieux qu'avant, ce manteau. On dirait que la tache est un tatoo, comme le profil d'un cheval.

– On ne peut pas le laisser comme ça, ai-je dit épouvantée. Il faut encore frotter.

J'ai mouillé une grosse poignée de papier toilette, j'ai versé plusieurs fois du savon dessus et j'ai frotté la tache de toutes mes forces.

– Hourra, Camille, ça part ! s'est écriée Jade.

Alors on a frotté chacune notre tour puis on a frotté toutes les trois ensemble : il ne fallait plus une trace de peinture sur le manteau tout neuf de Charlotte.

– Alors ? Verdict ? a demandé Nora.

On a orienté le manteau vers la lumière de la fenêtre pour vérifier le résultat. Un frisson glacial m'a parcouru le dos.

– Il y a un trou maintenant ! ai-je gémi.

– Ah oui, un beau trou, a confirmé Nora.

– On a frotté trop fort, a ajouté Jade.

– Maintenant le manteau est vraiment fichu, me suis-je lamentée. Il ne nous reste plus qu'à aller le dire à Sandrine, à la maîtresse et à la directrice.

– J'ai une solution, a coupé Jade.

Nora lui a souri.

– Tu es la championne des bonnes idées, Jade !

Jade s'est dirigée vers l'escalier qui mène aux classes alors qu'on n'a pas le droit d'y aller pendant les récrés. Elle est redescendue avec sa paire de ciseaux et un rouleau de scotch.

– On ne va pas laisser ce gros trou horrible. Opération chirurgicale du manteau. Faites-moi confiance, je l'ai déjà fait sur un tee-shirt à moi. On coupe net et on applique le scotch transparent. Ni vu, ni connu !

– Et si le scotch se décolle, sous la pluie par exemple ? ai-je interrogé.

– Il faudra surveiller discrètement et le remplacer si besoin.

Avec Nora, on a tenu le manteau pendant que Jade donnait les premiers coups de ciseaux dans le tissu. Elle a retiré le morceau abîmé et on a posé le scotch dessus avant d'examiner le résultat.

– Il est comme neuf ! s'est exclamée Jade. Opération réussie !

À cet instant, le scotch s'est décroché sous le poids du manteau. On a ajouté plusieurs couches de scotch. On en a collé en travers. Ça ne tenait toujours pas.

– Si on agrandit le trou, ça fera une troisième poche, a expliqué Nora.

On a fabriqué une poche. Le résultat était pas mal. Sauf que de la laine en sortait alors on a tout vidé et on a caché la laine derrière le meuble.

Bref, à la fin, le manteau de Charlotte ressemblait plus à un sac-poubelle vide qu'à un vêtement et j'avais très envie de pleurer en pensant à ma copine.

D'accord toutes les trois, on a camouflé le manteau derrière le meuble et les ciseaux avec. Il valait mieux qu'elle le croie perdu ou volé plutôt qu'abîmé par nous.

En sortant du préau pour rejoindre le rang des CE2, Jade a soufflé :

– Les filles, on est bien d'accord ?

– D'accord, a répondu Nora. C'est un secret. On n'en parle à personne.

– D'accord pour le secret, ai-je accepté, affolée. Mais maintenant on jouera avec Charlotte, on lui doit bien ça.

On a topé, Jade, Nora et moi. Et comme on dit avec Marie-Lou : topé, c'est topé. Sauf que moi, je n'avais jamais gardé un si gros secret. Au moment où j'ai topé, je n'imaginais pas que ce serait si difficile de me taire.

Chut, c'est un secret

Et si j'en parlais à Marie-Lou ? Elle, elle sait garder un secret.

1- Marie-Lou est ma meilleure copine, je lui fais entièrement confiance. C'est comme si je le disais à un autre moi-même.

2- Ensemble, on tient un carnet de secrets, on peut tout se dire et même : on DOIT tout se dire.

3- Ma copine oublie tout, elle est comme ça. D'ici son retour à l'école il y a de grandes chances pour qu'elle ne se souvienne pas de cette histoire.

En rentrant de l'école, je l'ai appelée et j'ai murmuré comme si Jade et Nora m'espionnaient derrière la porte.

– On a abîmé le manteau neuf de Charlotte sans faire exprès. On a préféré ne rien dire à personne et on l'a caché dans le préau.

– J'ai fait plein de bracelets de perles ultra-beaux, m'a-t-elle répondu. Je lui donnerai mon préféré pour la consoler d'avoir perdu son manteau.

Si Marie-Lou se remettait aux perles, c'est qu'elle allait mieux. J'avais hâte qu'elle revienne à l'école. Au fait, je pourrais avoir un bracelet, moi aussi, pour me consoler d'avoir sali le manteau de Charlotte ?

Le vendredi matin, en entrant dans la cour, j'ai vu Jade et Nora qui admiraient des cartes de chevaux. Comment faisaient-elles pour s'amuser, l'air de rien, en gardant un si terrible secret ? Je les ai retrouvées mais je n'avais pas le cœur à m'extasier sur leurs images.

Quand j'ai aperçu Charlotte passer le portail de l'école, j'ai tressailli.

Elle portait son ancien blouson ouvert, elle n'arrivait plus à le fermer. Elle s'est dirigée directement dans le préau où on est allées la rejoindre. Jade lui a demandé :

– Alors Charlotte, tu es guérie ?

– On est contentes de te revoir ! s'est exclamée Nora.

– Je ne trouve pas mon manteau, a gémi Charlotte.

– Ah bon ? s'est étonnée Jade.

– Ta grand-mère n'est pas venue le chercher ? a questionné Nora.

Je restais muette. Comme elles savaient bien mentir pour garder notre secret !

On a aidé Charlotte à chercher. Il n'était pas sur les portemanteaux. Il n'était pas non plus dans l'armoire aux vêtements perdus. Madame Benhamou a dit :

– Il faut faire attention à tes affaires, Charlotte ! La semaine dernière c'était ton gilet et puis ton goûter…

Alors Charlotte s'est assise sur les marches et elle a fondu en larmes. Embêté, Antoine a fermé son livre mais il n'a rien trouvé à dire pour la consoler. J'ai murmuré, la gorge serrée :

– Tu vas le retrouver, ton manteau, il est forcément quelque part.

Jade et Nora étaient toujours là, sans doute pour vérifier que je ne craque pas à propos de notre secret. Jade a suggéré :

– On te l'a peut-être volé.

– C'est vrai, a approuvé Nora, il y a des vols dans l'école.

Comment faisaient-elles pour mentir sans rougir ?

En classe, la maîtresse a parlé du manteau perdu. Mais personne ne savait où il était. La dernière à l'avoir vu, c'était moi. J'ai expliqué en mélangeant les mots, comme à chaque fois que je suis tracassée :

– Je l'ai laissé, au cas où, au portemanteau, si elle revenait, on ne sait jamais, le chercher, sa grand-mère, dans le préau...

Personne ne savait où il était. Personne sauf nous.

À la récré de l'après-midi, on s'est réfugiées aux toilettes avec Jade et Nora. Je voulais discuter de notre secret qui devenait trop lourd à porter.

– Je ne peux pas garder le secret, ai-je déclaré. Il vaudrait mieux qu'on se dénonce tout de suite. Il est encore temps.

– Tu te dénonces si tu veux, Camille, mais pas nous, a répondu Jade.

– C'est de ta faute ! Tout ça ne serait pas arrivé si tu ne l'avais pas retiré du portemanteau, a ajouté Nora.

À cet instant, j'ai entendu le bruit d'une chasse d'eau et une voix derrière une porte a demandé :

– Quel secret ?

J'ai sursauté.

C'était Charlotte ! Elle ouvrait la porte des toilettes.

Elle avait entendu tout ce qu'on disait !

Mais avait-elle compris de quoi on parlait ?

On est restées muettes de surprise pendant plusieurs secondes.

Affolée, j'ai bredouillé bêtement :

– Ah... Charlotte... ton manteau... n'est pas... dans les toilettes ? Tu as cherché partout ?

– Ça va Camille ? On dirait que tu vas pleurer. Ne t'inquiète pas pour moi, je vais le retrouver, j'en suis sûre.

– Ah bon ? Mais... tu sais... ai-je marmonné.

Athénaïs a déboulé dans les toilettes avec ses copines et a déclaré :

– Charlotte, je mène l'enquête pour ton manteau. Et quand je cherche, je trouve. Fais-moi confiance !

Et elles sont sorties comme une patrouille de police pour faire le tour des élèves de la cour en interrogeant tout le monde, du CP au CM2 : qui a vu le manteau, où et quand ?

Paniquée à l'idée d'être démasquée avant d'avoir avoué, je me suis assise à côté d'Antoine sur les marches du préau pendant que Jade et Nora s'étaient enfin éloignées de moi pour admirer leurs cartes. J'avais besoin de révéler notre secret à quelqu'un d'autre qu'à Marie-Lou. Antoine était l'élève de la classe qui serait le plus compréhensif et il pourrait m'aider à prendre la bonne décision.

– Antoine, tu sais garder un secret ? j'ai demandé.

– Un secret ! s'est-il extasié en fermant son livre d'un coup sec. Le secret de la pierre philosophale capable d'offrir la vie éternelle ?

– Je sais où se trouve le manteau de Charlotte, ai-je poursuivi. Tu veux savoir où il est ?

Mais Antoine ne m'écoutait toujours pas. Il a continué sur son idée fixe :

– Oui je veux savoir où elle est...

– Il n'est pas loin de nous, ai-je insisté.

– Pour gagner le cross des écoles, cette année.

La maîtresse est venue nous chercher, c'était la fin de la récré. Je n'ai pas pu révéler à Antoine l'endroit où on avait caché le manteau. De toute façon, il n'avait pas l'air prêt à écouter mes confidences, il était trop concentré sur sa pierre philosophale. Que faire de ce secret que je ne pouvais pas garder ? Trahir Nora et Jade et tout avouer à Charlotte ?

On ne te cause plus

J'ai réfléchi tout le week-end et j'ai pris ma décision : j'allais tout avouer à Charlotte pour me libérer du poids de ce secret.

J'espérais que Marie-Lou revienne le lundi en classe pour m'aider mais quand je l'ai appelée le dimanche soir, elle m'a dit qu'elle restait chez elle une journée supplémentaire pour se remettre de sa grippe.

En arrivant dans la cour le lundi matin, tout le monde m'a regardée bizarrement. Il se passait quelque chose d'anormal, je l'ai senti tout de suite.

Je me suis approchée de Jade, Nora et Charlotte, mais elles m'ont tourné le dos. J'ai aussitôt changé ma trajectoire pour me diriger vers Antoine.

C'est alors qu'Athénaïs s'est plantée devant moi, avec ses copines et Charlotte accrochée à son bras. Athénaïs m'a interrogée comme une inspectrice de police :

– Alors il est où ce manteau ?

– Quel… quoi… pourquoi moi ?

Aucun doute, elle savait que je savais, inutile de mentir plus longtemps. Quelqu'un m'avait dénoncée avant que je dévoile la vérité.

– Il est où ce manteau, voleuse ? a-t-elle répété.

J'ai sangloté :

– Il est… là… derrière… le meuble… du pré…

– Du pré ? Avec les vaches ?

– Du préau.

– Viens Charlotte, on va le chercher.

Charlotte m'a dévisagée, les yeux écarquillés. Puis le groupe de filles s'est dirigé vers le préau.

J'avais envie de partir en courant, d'appeler Marie-Lou au secours.

Quand elles sont revenues avec le manteau dans les mains, Athénaïs m'a questionnée.

– C'est toi qui as fait ça ? Tu t'excuses et tu devras rembourser Charlotte.

J'ai jeté un coup d'œil désespéré vers Jade et Nora pour les appeler à l'aide, en espérant qu'elles parlent par solidarité avec moi. Mais elles étaient tranquillement assises sur le banc avec leurs cartes et elles n'ont pas bougé.

– C'est toi Camille ? a insisté Athénaïs. Avoue !

J'ai regardé Charlotte puis mes chaussures et j'ai soufflé :

– Oui.

– Excuse-toi.

– Excuse-moi, Charlotte.

– Tu la rembourseras.

– Je te rembourserai, Charlotte.

Elles sont parties me laissant avec elle. Il y a eu un silence interminable et Charlotte a dit d'une petite voix :

– Ce n'est pas la peine de me rembourser, Camille. Mais je ne pensais pas que tu serais capable de faire une chose pareille. J'ai juste une question à te poser et après je ne te parlerai plus jamais de ma vie. Pourquoi tu m'as fait ça ?

– Je ne sais pas, ai-je sangloté. C'est la faute de... de...

J'ai fondu en larmes.

Et Charlotte a eu pitié de moi, elle m'a prise dans les bras et m'a consolée.

– Moi aussi parfois je suis triste. Dans ces moments-là, je pense toujours qu'il y a des gens plus malheureux que moi sur terre, des gens qui n'ont rien à manger, tu vois, des gens qui ont des vrais problèmes, et tout de suite je me sens mieux. Je n'ai même pas de bonbon à te proposer.

J'aurais presque préféré qu'elle me déteste et me dispute pour ce que j'avais fait. J'ai eu le hoquet et impossible de prononcer le nom de Jade et Nora pour m'expliquer.

Jade et Nora ont pris Charlotte par l'épaule et l'ont éloignée de moi.

Un peu plus tard, j'ai été convoquée dans le bureau de la directrice avec Charlotte. Je n'ai rien compris à ce que me disait madame Sanchez tellement je pleurais. J'ai répondu oui à toutes ses questions, j'ai dit pardon, désolée, excusez-moi. Mais je n'ai pas dénoncé Nora et Jade. Même Charlotte a pleuré en me voyant sangloter. Avant de remonter en classe, la directrice m'a informée qu'elle allait contacter mes parents.

Dans la voiture, en rentrant de l'étude, maman était fâchée.

– Tu as fait une chose pareille, toi ? Mais pourquoi ? Tu dois aller t'excuser auprès des parents de Charlotte et la rembourser avec l'argent de ta tirelire.

À la maison, pendant qu'elle cherchait les coordonnées de Charlotte pour téléphoner à ses parents, papa m'a lancé :

– Pour te faire une copine, il y a mieux comme méthode !

S.LC6467

Je ne tenais plus. Alors j'ai révélé la vérité et j'ai raconté comment tout cela s'était passé.

Papa a appelé les parents de Jade et ceux de Nora. Ils ont voulu que je ne joue plus avec leurs filles qui n'avaient jamais eu un tel comportement avant de me connaître et ils ont informé la maîtresse pour qu'elle nous surveille dans la cour.

Maman prenait le problème à cœur et voulait trouver une solution :

– Camille, je crois vraiment que tu devrais dire la vérité à ta maîtresse et à la directrice.

Moi ? Timide comme je suis ? Dénoncer mes nouvelles copines même si ce ne sont plus vraiment des copines ? C'était impossible. Il fallait que je trouve une autre solution.

À qui sont ces ciseaux ?

Je vivais le pire cauchemar de ma vie. Mais cette fois ce n'était pas un mauvais rêve dont on se réveille et se rendort, rassurée que ce ne soit pas la réalité.

Le lendemain, la maîtresse m'a demandé de trouver d'autres copines ou de jouer toute seule en attendant le retour de Marie-Lou. J'étais désespérée. C'est dommage, on s'amusait bien ensemble aux ponettes.

Et puis en remontant de la récré du matin, Antoine a demandé à toute la classe :

– À qui sont ces ciseaux?

Personne n'a levé le doigt. Moi je savais. C'étaient ceux de Jade avec lesquels on avait découpé le manteau.

Athénaïs a lancé :

– C'est à toi Jade ? Il y a ton nom et ton prénom marqués dessus.

Elle a dit :

– Ah oui, c'est vrai ! Tiens, ils ne sont pas dans ma trousse !

– Je les ai retrouvés dans le préau… derrière le meuble, a expliqué Antoine.

À la récré, comme il pleuvait, Antoine avait eu le droit de lire assis dans les coussins à côté du meuble. C'est là qu'il a aperçu les ciseaux coincés entre le mur et le meuble.

– Je n'ai rien fait au manteau ! s'est indignée Jade. Nora, c'est toi qui me les as pris ?

– Moi ? s'est étouffée Nora.

La maîtresse a demandé d'un air sévère qu'on lui révèle enfin la vérité et c'est Nora qui a commencé :

– On voulait retirer des taches de peinture qu'on avait faites dessus.

Jade a ajouté :

– Comme les taches ne partaient pas, j'ai pris les ciseaux pour les découper. Je l'ai déjà fait, d'habitude ça marche.

Du coup, on était toutes les trois fâchées.

À la récré, Jade et Nora se sont assises sur une des marches du préau sans se parler.

Il fallait trouver une solution. On ne pouvait pas rester fâchées toute l'année. Je me suis assise entre elles sans savoir trop bien ce que j'allais leur dire et j'ai demandé :

– On peut discuter ?

– Discuter ? a répété Nora.

– Pour quoi faire ? a demandé Jade.

– C'est toujours mieux que de se disputer !

Elles se sont jeté un coup d'œil. Elles étaient d'accord avec ma proposition. Jade a dit à Nora :

– De toute façon, j'en ai assez du poney. Tu ne t'en rends même pas compte ! Je voudrais jouer à autre chose mais ce n'est jamais possible avec toi.

Nora lui a répondu :

– Et moi j'en ai assez des petits secrets dans le dos de tout le monde. Tu dis toujours du mal des autres et on n'a jamais d'autres copines à cause de toi.

– C'est de ta faute, Nora, si on est trop collées. Moi aussi je voudrais avoir d'autres copines.

Bref, elles se sont dit ce qu'elles n'avaient jamais osé s'avouer. Et à la fin de la récré, elles étaient réconciliées. J'en avais des choses à raconter à Marie-Lou à son retour. Et pour Charlotte, qu'est-ce qu'on pouvait faire pour qu'elle nous pardonne ?

On fait la paix ?

Lundi matin, Charlotte est arrivée dans le rang avec son nouveau manteau. Il était comme neuf, avec un cœur rose, comme une grosse sucette, au niveau du trou. Elle nous a annoncé :

– Voilà les filles, tout est arrangé !

– Tu as acheté un autre manteau ? s'est étonnée Nora.

– À cent douze euros ? a demandé Jade.

– Pas du tout ! s'est exclamée Charlotte. Vous ne saviez pas que j'étais une très bonne couturière ? C'est ma grand-mère qui m'a appris à coudre. Elle m'a donné des conseils mais j'ai réparé mon manteau toute seule. On ne voit plus rien !

– Tu es trop forte, s'est esclaffée Jade, admirative.

– Tu nous apprendras à coudre ? a demandé Nora.

Je lui ai sauté au cou et je lui ai fait un gros bisou sur sa joue moelleuse.

– Bon, on joue à quoi à la récré ? a demandé Charlotte. Il reste de la place dans votre poney club ?

On l'a regardée, on s'est regardées, on a dit oui. Et à la récré, même si Jade en avait assez des ponettes, on s'est drôlement bien amusées toutes les quatre.

C'est depuis ce jour-là que Charlotte est devenue une véritable amie, pas une fille qu'on fait semblant d'aimer parce qu'elle n'a pas d'amies.

Le lundi, après l'étude, on s'est retrouvées toutes les trois à la table du préau avec Jade et Nora. Jade a demandé :

– Bon, on fait la paix ?

– On fait la paix, a accepté Nora.

– On fait la paix, ai-je répété.

On a topé.

Soudain on a entendu un son de cloche et on a sursauté. Antoine quittait les coussins en tapant pour de faux sur son livre en guise de cloche.

Il a déclamé :

– Ding, ding ! Oyez braves gens, cessation des hostilités ! Ding, ding ! Prouesses et grandeur d'âme de la gent féminine !

On a éclaté de rire et, content de lui, il est retourné dans les coussins poursuivre sa lecture.

Jade est partie courir avec Maé s'entraîner pour le cross des écoles et Nora s'est rapprochée de Charlotte pour lui montrer son album de poneys.

J'ai souri à Charlotte.

J'étais contente de la voir avec une copine, et elle m'a souri aussi.

Mardi matin, je n'ai pas eu à attendre longtemps Marie-Lou dans la cour. Elle est arrivée à l'heure pour une fois avec son éternel sourire et ses nouveaux bracelets. Elle a sorti de son cartable notre carnet de secrets et m'a dit, toute contente :

– Alors raconte-moi tout, Camille. Qu'est-ce que j'ai raté la semaine dernière ? Tu m'as dit qu'il y avait eu des secrets ? Ça tombe bien, on a plein de pages à remplir !

Elle a écrit en haut de la page :

Les secrets de la récré

Et elle m'a tendu le stylo en s'écriant :

– Tiens Camille, c'est toi l'écrivain !

Je me suis assise sur une marche du préau et j'ai réfléchi en observant nos copines qui entraient dans la cour et se dirigeaient vers nous.

Avant d'écrire, je voulais les présenter à Marie-Lou et expliquer en détail à ma copine notre jeu du poney club. Heureusement, tout s'était arrangé avant son retour.

Quand madame Benhamou est apparue dans la cour pour nous faire monter en classe, Marie-Lou m'a lancé :

– Tiens, je n'avais pas remarqué le nouveau manteau de Charlotte ! Il est classe avec le gros cœur collé devant. Je lui demanderai où elle l'a acheté.

– Ça lui fera plaisir, ai-je répondu sans qu'elle comprenne mon sous-entendu.

La semaine avait été compliquée mais on s'en était bien sorties. Peut-être que la grenouille en peluche de Tom m'avait porté bonheur ?

Ce soir-là, j'ai donné à mon petit frère trois peluches dont je ne me servais plus.

– Avec elles, ta grenouille ne s'ennuiera plus, lui ai-je promis.

– Super coâ !

Il a attrapé les peluches et m'a sauté au cou pour me coller un bisou baveux. Quel dégoûtant ! Qu'est-ce que ce sera quand il arrivera dans mon école ? On peut survivre avec son petit frère dans sa cour de récré ?

Au dîner, maman m'a dit :

– Tu vois, Camille, dans la vie, il y a toujours une solution à tout. Il suffit de…

Son téléphone a sonné. C'était Carmen, la maman de Marie-Lou qui est sa meilleure amie. Maman a éteint son téléphone et elle a soupiré :

– Oh non, c'est encore pour me parler de ses problèmes de cœur !

J'ai répliqué :

– Quand on est une vraie copine, on écoute aussi les problèmes.

Maman m'a lancé un regard perplexe puis elle m'a répondu :

– Tu as raison Camille, je la rappellerai après le dîner. On se racontera nos petits secrets…

Table des matières

Dans la série, Vive le CE2! Ségolène Valente

Pyjama party

Les secrets de la récré

Retrouve Camille, Marie-Lou, Antoine,

Charlotte et tous les copains

dans Vive le CM1 !

L'auteure

Ségolène Valente vit en région parisienne. Elle a écrit son premier roman pour sa petite sœur, *Ma Première boum*, paru chez Rageot en 2000. Depuis elle s'est inspirée de ses élèves quand elle était prof de français, de ses quatre fils et de ses lecteurs qu'elle aime rencontrer.
Connue aussi pour sa série *Vampirette* publiée dans J'aime Lire, elle aime divertir et éveiller ses lecteurs, parlant d'amitié, d'amour et de la vie de tous les jours, avec tendresse et humour.
Retrouvez-la sur son site : segolenevalente.fr

L'illustratrice

Née à Montpellier d'un père français et d'une mère norvégienne, **Isabelle Maroger** a dès son plus jeune âge gribouillé partout et sur tout, de préférence sur les rideaux du salon, sur son petit frère, sa grande sœur, son chien et son chat… Cela lui a réussi car elle a poursuivi ses hautes études de gribouillage dans une vraie école de dessin, l'école Émile-Cohl de Lyon.

Désormais elle illustre des livres et des magazines pour enfants ou femmes chic. Elle aime créer des images graphiques et qui donnent le sourire :-)

Isabelle Maroger vit à Lyon.

Retrouvez la collection

RAGEOT Romans

sur le site www.rageot.fr

PAPIER À BASE DE FIBRES CERTIFIÉES

RAGEOT s'engage pour l'environnement en réduisant l'empreinte carbone de ses livres
Celle de cet exemplaire est de :
350 g éq . CO_2
Rendez-vous sur www.rageot-durable.fr

Achevé d'imprimer en France en avril 2018
par l'imprimerie Jouve (Mayenne)
Dépôt légal : mars 2017
Numéro d'édition : 5457-04
Numéro d'impression : 2706393A

Liebe Eltern,

langfristigem Lernerfolg liegen Motivation und Freude zu Grunde. Dieses Buch hilft Ihrem Kind, Spaß und Interesse an Matheaufgaben zu finden und zugleich die Grundrechenarten und das Rechnen mit Größen sicher zu beherrschen.
Abwechslungsreiche Aufgaben, lustige Rätsel sowie Knobel- und Rechenspiele wecken den Spaß am Lernen.
Die **Aufgaben** sind **eingebettet in** die **spannende Erzählung** von Anna und Felix, die bei ihrem Großvater eine Zeitmaschine entdecken und auf Abenteuerreisen gehen. Beim Lösen der Aufgaben erfährt Ihr Kind weitere Einzelheiten über die Erlebnisse von Anna und Felix. Dadurch wird Ihr Kind **motiviert**, weitere Aufgaben zu lösen.

- Ihr Kind wird somit **spielerisch zum Lernerfolg** geführt. Die mathematischen Kenntnisse werden gefestigt, der Schüler wird sicher und gewinnt **Freude am Rechnen**. Die spielerische Atmosphäre schafft ein Lernen **frei von Ängsten, Leistungsdruck und Lernblockaden**.
- In **kleinen Lerneinheiten** werden Schritt für Schritt **alle wichtigen Lerninhalte des vorgeschriebenen Unterrichtsstoffes** der 3. Klasse wiederholt, vertieft und geübt. Der **Schwierigkeitsgrad** der Aufgaben **steigert sich langsam.**
- Das Programm enthält ebenso **Konzentrationsübungen**.
- Die ausführlich erklärten **Lösungen** befinden sich in der Mitte des Buches und sind **heraustrennbar**.
- **Leicht verständliche Aufgabenstellungen, viele Beispielaufgaben** und **einfache Lösungskontrollen** ermöglichen auch **schwachen Schülern** mit diesem Buch **alleine** zu arbeiten. Die Selbstständigkeit Ihres Kindes wird gefördert.
- Außerdem bietet dieses Übungsprogramm **Lerntipps** (S. 3) sowie **verständliche Übersichten über Größen, Abkürzungen und Umwandlungen** (S. 70/71). Mit der **Einmaleinstabelle** (S. 70) können Sie die verschiedenen Einmaleinssätze mit Ihrem Kind wiederholen.

Viel Erfolg!
Ihre

Brigitte Hauschka

Hallo, liebe Schülerin, lieber Schüler!

Kannst du dir vorstellen in einer anderen Zeit zu leben? Vielleicht in der Ritterzeit? Dieses Buch erzählt die Geschichte von Anna und Felix, die in ihren Sommerferien eine Zeitmaschine entdecken. Die beiden erleben viele aufregende Abenteuer, bei denen du sie begleiten kannst. Auf dieser Reise gibt es einige knifflige Rätsel und Aufgaben zu lösen.

Viel Spaß dabei, wünscht deine

Brigitte Hauschka

Dieses Buch gehört:

Bettina Diethei